Février 1894

SOCIÉTÉ GÉNÉRALE DE LIBRAIRIE CATHOLIQUE
76, Rue des Saints-Pères. — PARIS

CATALOGUE

DE

LIVRES DE FONDS

ET EN NOMBRE

SIXIÈME PARTIE

dont la vente aura lieu

En vertu d'une ordonnance de M. le Juge-Commissaire en date du 13 Nov. 1893

LES LUNDI 26 et MARDI 27 FÉVRIER 1894

à 2 heures précises

A LA SOCIÉTÉ GÉNÉRALE DE LIBRAIRIE CATHOLIQUE

76, Rue des Saints-Pères, Paris

H. CAMPAGNE
Courtier Assermenté
9, Rue du Trésor

MM. Em. PAUL, L. HUARD & GUILLEMIN
Libraires-Experts
28, Rue des Bons-Enfants

Les Libraires chargés de la vente rempliront les commissions des personnes qui ne pourront y assister

EXPOSITION LES VENDREDI 23 ET SAMEDI 24 FÉVRIER, DE 2 A 4 HEURES

AVIS

Les Jeudi 22 et Vendredi 23 Février 1894

à 2 heures précises

VENTE EN LOTS

DE

25,000 VOLUMES

reliés et brochés

OUVRAGES de THÉOLOGIE, d'HISTOIRE, etc.

LES LOTS SERONT VISIBLES

Les Mardi 20 et Mercredi 21 Février

de 2 à 4 heures

CATALOGUE

DES PUBLICATIONS

DE LA

Société Générale

DE LIBRAIRIE CATHOLIQUE

CINQUIÈME PARTIE

827. **Album** de Notre-Dame de Pontmain. Portraits des témoins, vues de Pontmain, chromolithographies, représentant les différentes poses de l'Apparition, in-8. 3 »

240 exemplaires en feuilles plus un certain nombre de vues de Pontmain dont le chiffre sera donné le jour de la vente.

828. **Ambert** (le général). Les Frères des Ecoles chrétiennes, in-12. 1 »

1,454 exemplaires dont 150 br.

829. **Andrieux.** Le Cimetière et le Purgatoire, in-12. 1 50

2,538 exemplaires dont 38 br.

830. **Année** sainte des Gardes d'honneur et des amis du Sacré-Cœur de Jésus, in-12. 3 »

65 exemplaires br.

831. **Antoniano** (le cardinal). Traité de l'éducation chrétienne des enfants, in-12. 3 50

70 exemplaires br.

832. **Atlas** (nouvel) de géographie des cinq parties du monde, 96 cartes en noir. *Paris, Hurtrel, s. d.*, in-16 obl. cartonné.

238 exemplaires.

833. **Aubin** (l'abbé). Actualités ou réponse aux objections antichrétiennes, in-12. 3 »

617 exemplaires br.

834. **Aubineau** (Léon). De la Révocation de l'Édit de Nantes, in-12. 3 »

2,195 exemplaires.

835. **Auffray** Rétablissement du Monopole universitaire, in-8. 1 50

829 exemplaires br

836. **Ayen** (le duc d'). Revenu, salaire et capital, leur solidarité, in-18. 1 »

830 exemplaires br.

837. **Babaz** (le P.). Le Vol des Araignées. La Cave des Apiculteurs ; (publié par Mme J. Lavergne), in-12. 2 »

76 exemplaires br.

838. **Batiffol.** Grammaire latine, in-12. 1 50

1,115 exemplaires dont 415 cartonnés.

839. **Belcastel** (de). Ce que garde le Vatican, in-12. 3 »

133 exemplaires br.

840. **Benoit** (Dom P.). La Cité antichrétienne au XIXe siècle. Les Erreurs modernes, 2 forts vol. in-12. 8 »

93 exemplaires dont 10 br. plus un certain nombre d'exemplaires du tome II.

841. **Beurlier** (l'abbé). Histoire abrégée de la Littérature latine, in-12. 1 25

985 exemplaires dont 825 br. et 160 cartonnés.

842. **Bibliothèque** populaire.

18,734 brochures, savoir :

1° AMBERT (le général). Nos soldats, in-18. 0 10

4,700 exemplaires br.

2° AUBINEAU. Le Saint mendiant, Benoit-Joseph Labre, in-32. 0 10

623 exemplaires br.

3° CAMAU. L'Inquisition, in-32. 0 10

800 exemplaires br.

4° IGNORANTINS (les), in-32. 0 10

1,700 exemplaires br.

5° MISSIONNAIRES (nos), in-18. 0 10

345 exemplaires br.

6° OUVRIER (l') du temps jadis, in-18. 0 10

3,266 exemplaires br.

7° QUI a fait la France ? in-18. 0 10

7,300 exemplaires br.

843. **Bibliothèque** (Petite) variée, 14 volumes in-18, chaque 0 15

11,898 brochures diverses, savoir :

1° DEMOLINS. Charlemagne.

680 exemplaires br.

2° FLOQUET. L'Aveugle d'Argenteuil.

200 exemplaires br.

3° LAFONT. Un Médecin sous la Terreur.

175 exemplaires br.

4° LANDER (Mme HELLO). Pierre et Philippe.

2,030 exemplaires br.

5° LASSERRE. Le Menuisier de Lavaur.

31 exemplaires br.

6° MARCEL (Etienne). Abd-ul-Beg.

740 exemplaires br.

7° MORT (la) de Mgr Darboy, (1871).

2,250 exemplaires br.

8° NODIER. Lidivine.

443 exemplaires br.

9° PRADIÉ. Massacre des dominicains d'Arcueil.

674 exemplaires br.

10° ROCOFFORT. La Neige.

328 exemplaires dont 155 en feuilles sans couverture.

11° ROYALE (Mme) Louis XVI au Temple.

3,110 exemplaires br.

12° SAINT-GERMAIN. La Turbotière.

1,107 exemplaires br.

13° VILLETARD. Le 18 Mars 1871.

130 exemplaires br.

14° VOYAGE au Grand St-Bernard.

349 exemplaires br.

844. Biographies diverses.

1,378 brochures ou volumes divers, savoir :

1° GIRY (le P.) Vies de Ste-Geneviève et de St-Denis, in-18 0 25

380 exemplaires br.

2° PETRONIO-RUSSO. Le Juif Cohen, in-8. 0 50

70 exemplaires br.

3° RAUZAN (le P.) et la Société des Missions de France, in-12 0 50

88 exemplaires br.

4° RIANCEY (Adrien de). Vie de Canicius, in-18 avec portrait. 0 35

300 exemplaires br.

5° STOFFELS DE WARSBERG. Voltaire, in-32. 0 40

90 exemplaires br.

6° VENET. Pie IX, in-8 avec portr. 0 50

450 exemplaires br.

845. **Blanc** (Elie). Petit dictionnaire logique de la langue française, fort vol. in-18 à 2 col. 3 »

140 exemplaires cartonnés.

846. **Blot** (le P.). Le Mois du cœur agonisant, in-18. 1 »

2,280 exemplaires dont 1,030 br.

847. **Boden** (Mme de) Délaissée, histoire émouvante, in-12. 3 »

801 exemplaires dont 21 br.

848. **Boissieu** (Arthur de). Dernières lettres d'un passant. In-12. 3 »

687 exemplaires dont 180 br.

849. **Bonald** (Maurice de). Deux questions sur le Concordat de 1801. In-8. 3 »

180 exemplaires br

850. **Bonnechose** (le Cardinal de). Œuvres, lettres pastorales circulaires et mandements, allocutions, discours politiques, discours de circonstances (1834-1873), 3 vol. in-8. 15 »

616 exemplaires dont 16 br.

851. **Boppert** (le P.). Méditations sacerdotales pour tous les jours de Carême, in-12. 3 »

67 exemplaires br.

852. **Boquet**. Poésies religieuses, la Nouvelle Ève, poëme en douze chants, in-18. 3 »

421 exemplaires br.

853. **Brochures** et opuscules divers.

3,384 brochures ou volumes divers, savoir :

1° Agrégation de la congrégation des prêtres du St-Sacrement, figure, in-16. 0 05

160 exemplaires br.

2° Baulny. Désorganisation des conseils de fabrique, in-18. 0 60

864 exemplaires dont 250 br.

3° David. La Chaire de Notre-Dame et le R. P. Monsabré in-18. 0 25

1,000 exemplaires br.

4° Ecriture de la Croix, in-18, portr. photogr. de Pie IX. 0 50

125 exemplaires br.

5° Futur (le) Concile, suivi de la bulle Æterni Patris, in-18 0 20

100 exemplaires br.

6° Iweins Le Tiers-Ordre de Saint-Dominique, in-18. 0 50

35 exemplaires br.

7° Magendie. Sophismes de Mgr Dupanloup, in-8. 0 75

710 exemplaires br.

8° Pieux hommage aux saints canonisés le 8 juin 1862, in-32. 0 40

390 exemplaires br.

854. **Brucker** (Michel Raymond). Les Docteurs du jour devant la famille, in-12. 4 »

1,463 exemplaires dont 108 br.

855. **Buet** (Ch.). Histoires à dormir debout, in-12. 3 »

1,408 exemplaires dont 26 br.

856. **Calas** (l'abbé). La Bible de tout le monde, 2 volumes in-12. 8 »

130 exemplaires dont 30 br.

857. **Cantique** à Saint-Michel, musique des P. P. Bénédictins d'Einsiedeln et de H. de S. In-4. 1 50

380 exemplaires br.

858. **Carbonnelle** (Le R. P.). Ouvrages divers :

107 brochures ou volumes divers, savoir :

1° Accusation d'hérésie. Réponse à la controverse, in-8. 1 »

92 exemplaires br.

2° Confins de la science et de la philosophie, in-8. 6 »

15 exemplaires br.

859. **Carugini**. Rétablissement de la Monarchie, in-12. 1 »

1,025 exemplaires br.

860. **Casabianca** (l'abbé). Trente jours à la campagne, 3e édition, in-12. 3 »

205 exemplaires br.

861. **Castan** (l'abbé). De l'Union de la religion et de la morale, in-8. 6 »

252 exemplaires br.

862. **Cathelineau** (le général de). La Vraie Liberté, in-8. 1 50

660 exemplaires br.

863. **Cazauran** (l'abbé). Monsieur le comte de Mun. Origine, antiquité de sa famille, in-8, avec les armoiries de la maison de Mun. 1 50

110 exemplaires br.

864. **Célébrités** catholiques contemporaines :

2,064 brochures, savoir :

1° BERTRAND (Mgr), évêque de Tulle, par Giraud, in-8. 0 60

510 exemplaires pliés.

2° GOUSSET (le cardinal), archevêque de Reims, par l'abbé Deglaire, gr. in-8, portrait. 1 »

775 exemplaires br.

3° MONSABRÉ (le R. P.), par Louis Colin, gr. in-8, portrait. 0 75

349 exemplaires br.

4° PARISIS (Mgr), évêque d'Arras, par Louis Veuillot, gr. in-8, portrait. 0 60

400 exemplaires br.

865. **Chaillot** (Mgr). Privilèges du clergé, in-18. 3 »

482 exemplaires dont 202 br.

866. **Champeau** (le R. P.). Nouveau mois de Saint-Joseph, in-48. 2 »

3.413 exemplaires dont 59 br.

867. **Chantrel.** Brochures de polémique sur l'Eglise :

239 brochures, savoir :

1° Réponse de Rome à M. de La Gueronnière ; documents divers, in-8. 1 »

107 exemplaires br.

2° Rome devant l'Eglise, gr in-8. 1 »

132 exemplaires br.

868. — Célébrités catholiques contemporaines :

3,140 brochures, savoir :

1° Dom Guéranger, gr. in-8 0 50

2,250 exemplaires en feuilles, pliés.

2° Mabile (Mgr), évêque de Versailles, gr. in-8, portr. 0 75

860 exemplaires br.

869. **Chabrely.** Une xcursion à Carthage, in-18. 1 »

528 exemplaires br.

870. **Chaudé** (l'abbé). La Théologie des plantes, in-12 avec deux pl. hors texte. 3 »

245 exemplaires br

871. **Clair** (le P. Ch.). Pierre Olivaint, prêtre de la Cie de Jésus, in-12. 3 50

364 exemplaires dont 91 br.

872 **Classiques** grecs et latins.

3,294 volumes, savoir :

1° Cornelius Nepos. De Vita excelentium imperatorum, notes de E. Langlois, in-12. 0 90

80 exemplaires cartonnés

2° Homère. Chant VI de l'Iliade, avec notes par Tougard, in-12. 0 45

385 exemplaires cartonnés.

3° Horace. L'Art poétique, avec notes de P. Lallemand, in-12. 0 45

520 exemplaires cartonnés.

4° PLATON. Criton, avec notes par Huit, in-12. 0 50

440 exemplaires.

5° TACITE. Agricola, avec notes par l'abbé Beurlier, in-12. 0 50

569 exemplaires dont 72 cartonnés.

6° THÉOCRITE. Idylles, chants I à XXI, in-12, 0 50

1,300 exemplaires dont 200 cartonnés.

873. **Cloquet** (l'abbé). Vrais principes et conditions authentiques pour gagner des indulgences, in-18. 2 »

745 exemplaires dont 45 br. plus 50 exemplaires en feuilles incomplets du titre.

874. **Constant** (le P.). Le Pape et la liberté. 2e édition, in-8, 5 »

794 exemplaires dont 19 br.

875. **Conti** (Auguste). Histoire de la philosophie, 2 vol. in-8. 10 »

44 exemplaires br.

876. **Corneille** Polyeucte. Nouvelle édition par Antonin Rondelet, in-12 avec gravures dans le texte. 1 »

793 exemplaires dont 37 br. et 230 cartonnés.

877. **Coze**. Passion, mort et résurrection de N.-S. Jésus-Christ, in-18. 1 »

830 exemplaires dont 210 br.

878. **Croizy** (Henri de). Etudes de mœurs et poésies :

163 volumes divers, savoir :

1° HENRIETTE, in-12. 2 »

55 exemplaires br.

2° ROMAN (le) intime, suivie de la Science aveugle, poésie, in-12. 2 »

108 exemplaires br.

879. **Curicque** (l'abbé). Voix prophétiques, ou apparitions et prédictions touchant les événements de la chrétienté au XIVe siècle, 5e édition, 2 forts vol. in-12. 6 »

1,320 exemplaires br.

880. **Dallet** (Charles). Histoire de l'Eglise de Corée, avec carte et planches, 2 vol. in-8. 12 »

13 exemplaires br.

881. **Davesne**. Les Deux Frances, radicaux et catholiques en 1870, in-12. 3 »

990 exemplaires dont 40 br

882. **David** (l'abbé). Qu'est ce que la Bible? in-12. 3 »

1,300 exemplaires dont 140 br.

883. **Delagrange**. Essai d'une nouvelle déclaration des droits de l'homme. 2e édition, in-8. 1 »

586 exemplaires br.

884. **Demolins** (Edmond). Histoire de France, 12 tomes en 6 vol. pet. in-16. 3 »

3,600 exemplaires dont plus de la moitié br., plus 10,731 volumes divers en feuilles ou br.

885. **Descartes**. Discours de la Méthode, nouvelle édition par Antonin Rondelet, in-12. 1 »

1,168 exemplaires dont 75 br. et 43 cartonnés.

886. **Deservillers** (Cte de). Un Evêque au XIIe siècle, Hildebert et son temps, in-8. 5 »

565 exemplaires dont 15 br.

887. **Desgodins**. La Mission du Thibet de 1855 à 1870, accompagnée d'une carte du Thibet, in-8. 5 »

22 exemplaires br.

888. **Dimanche** (Opuscules sur le).

3,105 brochures ou volumes divers, savoir :

1° Bosia (l'abbé) Un Jour de repos par semaine, in-12. 0 30
415 exemplaires br.

2° Le Franc. Le Repos dominical, in-18. 0 30
990 exemplaires br.

3° MONTMÉLIAN (de). Faut-il se reposer un jour par semaine? in-18 0 10

1,210 exemplaires br.

4° QUELQUES grains de bon sens à propos du dimanche, in-16. 0 10

490 exemplaires br.

889. **Discours divers :**

3,366 brochures ou volumes divers, savoir :

1° BIENCOURT (Marquis de). Discours du Mans, le 26 juin 1880, in-18 0 25

60 exemplaires br.

2° DÉCENTRALISATION, discours prononcé à l'Assemblée nationale, in-18. 0 75

140 exemplaires br.

3° DEPEYRE. L'Internationale, in-18. 0 20

190 exemplaires br.

4° DESCHAMPS (l'abbé). Discours sur le patriotisme (6 août 1872), in-8. 0 50

225 exemplaires br.

5° LA RIVE (de). Devoirs des hommes de cœur, in-8. 0 30

38 exemplaires br.

6° LE BOUCHER (l'abbé). Paroles prononcées au service solennel de Mgr Maupoint, 19 Septembre 1871, in-8. 0 50

95 exemplaires br.

7° MORONI. La Vérité sur Grégoire XVI et son temps, plaidoirie de M. Collinet, in-12. 0 50

180 exemplaires br.

8° QUESTION (la) romaine, discours prononcé à l'Assemblée nationale en 1871, in-8. 0 30

1,648 exemplaires br.

9° RIANCEY (Henry de). Les Catholiques sont-ils de leur temps? gr. in-8. 0 50

280 exemplaires br.

10° THUREAU-DANGIN. Discours, in-18. 0 15

510 exemplaires br.

890. **Disputationes** physiologico-theologicæ. De humanæ generationis œconomiâ, de embryologiâ sacrâ de abortu medicali et de embryotomie, de colenda castitate, fort vol. gr. in-8. 10 »

149 exemplaires dont 14 br.

891. **Domenech** (l'abbé). La Prophétie de Daniel, philosophie de l'histoire depuis la création jusqu'à la fin des temps, 2 vol. gr. in-8. 14 »

97 exemplaires br.

892. **Drumont.** La France juive, édition populaire, in-18. 3 50

552 exemplaires dont 2 br.

893. **Dubois** (Charles). Nouvelles diverses :

7,260 brochures, savoir :

1° Deux (les) Coupes, in-18. 0 15

3,050 exemplaires dont 2,350 br.

2° Unis pour un jour, in-18. 0 15

4,210 exemplaires br.

894. **Du Camp** (Maxime). Le Manteau déchiré, conte de Noël, in-16, figures, couverture illustrée en couleur. 0 15

9,845 exemplaires, dont 8,700 en feuilles, sans couvertures et 1,145 br.

895. **Duval** (Adrien). Contes merveilleux, in-12. 3 »

1,040 exemplaires br.

896. **Education** (Opuscules divers sur l').

1,828 brochures diverses, savoir :

1° Anglade. Le Poison civique, réponse au *Manuel civique* de Paul Bert, in-12. 0 35

925 exemplaires br.

2° Codant. Quelle est la meilleure éducation pour les filles? in-18. 0 25

400 exemplaires br.

3° JUILLES. La Jeune fille chrétienne dans le monde, in-18. 0 60

249 exemplaires br.

4° STOLZ. Le Livre des mères et des bonnes d'enfants, in-18. 0 10

254 exemplaires br.

897. **Enseignement** (Discours et opuscules divers sur l').

1,111 brochures, savoir :

1° DELOR (l'abbé). La Liberté de l'enseignement supérieur, gr. in-8. 0 50

85 exemplaires br.

2° ECOLES (les) libres chrétiennes de Paris, in-8. 0 10

90 exemplaires br.

3° ENSEIGNEMENT (l') supérieur : collation des grades, in-8. 0 60

120 exemplaires br.

4° FONTAINE DE ROSBECQ. Projet de loi sur l'enseignement primaire, in-18. 0 60

700 exemplaires br.

5° KELLER. L'Instruction obligatoire, in-18. 0 20

100 exemplaires br.

6° KUECHT. L'Education officielle, in-18. 0 30

85 exemplaires br.

7° LAÏCISATION (la) de l'enseignement, in-18. 0 10

150 exemplaires br.

8° LANDRIOT (Mgr). La Question de l'enseignement, in-12. 0 25

1,380 exemplaires br.

9° LAURAS. Le Denier des écoles chrétiennes, in-18. 0 10

1,100 exemplaires br.

10° QUELQUES mots sur l'instruction laïque, in-18. 0 05

250 exemplaires br.

11° VADON (le R. P.) La Régénération de la France par l'enseignement chrétien, gr. in-8. 1 »

39 exemplaires br.

12° VADON (le R. P.). Le même ouvrage, in-18. 0 75

12 exemplaires br.

898. **Fava** (Egr.). Manuel de la croisade des francs-catholiques, in-18. 2 »

311 exemplaires br.

899. **Fédou.** De la Propriété des églises et des presbytères, in-8. 1 50

350 exemplaires br.

900. — Des Vicaires dans leurs rapports temporels avec leurs curés, avec les communes et avec l'Etat, in-8. 3 50

120 exemplaires br.

901. **Ferrand** (Dr). Facultés de médecine et universités libres, in-8. 1 »

600 exemplaires br.

902. **Ferrari.** Theorica et praxis regiminis diœcesani, præsertim sede vacante, fort vol. in-12. 4 »

1,467 exemplaires dont 2 br.

903. **Féval** (Paul). Corbeille d'histoires, in-12. 3 »

92 exemplaires br.

904. — Opuscules divers :

1,841 brochures, savoir :

1° Glaive (le) des désarmés, in-18. 0 10

1,691 exemplaires br.

2° Montmartre et le Sacré-Cœur, in-18. 0 10

2,170 exemplaires br.

3° Vieux mensonges, in-18. 0 10

980 exemplaires br.

905. — Ouvrages divers :

5,334 brochures diverses, savoir :

1° Denier (le) du Sacré-Cœur, in-32. 0 10

29 exemplaires br

2° Notre-Dame de Sion, in-18. 0 10

2,081 exemplaires br.

3e VISITE au Sanctuaire de St-Martin de Tours, in-18. 0 10

3,225 exemplaires br.

906. **Féval** (Paul). Pas de divorce, réponse à M. Alexandre Dumas, in-12. 3 »

65 exemplaires, dont 16 br.

907. **Fraiche**. Eléments d'arithmétique, in-8. 3 »

1,428 exemplaires dont 145 br

908. — Géométrie et algèbre. Classes de rhétorique et de philosophie, in-8. 1 »

1,595 exemplaires dont 395 br.

909. **Freppel** (Mgr.). Œuvres polémiques, 1 vol. in-8 et 7 vol. in-12. 27 »

13,677 volumes divers dont 94 br.

910. **Gassiat** (Mgr). Rome vengée. Vérité sur les personnes et les choses, 5e édition, in-12. 2 »

455 exemplaires br.

911. **Gautier** (Léon). Lettres d'un catholique, 2 vol. in-12. 6 «

2,768 volumes divers dont 96 br.

912. **Gilly** (Mgr). L'Ecclésiaste de Salomon, traduit de l'hébreu, in-12. 1 25

160 exemplaires br.

913. **Girard**. Dernières attaques contre la Salette, 3me opuscule, in-12. 1 25

630 exemplaires.

914. **Graduel** romain. Edition augmentée de l'Office noté de la Quinzaine de Pâques et des nouveaux offices, gros vol. in 12. 3 50

90 exemplaires en feuilles.

915. **Granilly** (Mgr). Panégyrique de St-Benoit Labre, in-8. 1 »

437 exemplaires br.

916. **Gréa** (Dom). L'Eglise et sa divine Constitution, in-8. 7 50

60 exemplaires dont 55 br.

917. **Grenade** (le P. Louis de). Le Mystère de la Rédemption, in-12. 2 50

1,319 exemplaires br.

918. — La Science des Saints, 6 beaux volumes, in-12 15 »

955 exemplaires br.

919. — Le Service de Dieu, ses motifs et sa pratique, in-12. 2 50

1,270 exemplaires br.

920. **Grou** (le P.). Jésus en croix, ou la Science du crucifix en forme de méditations, in-18. 1 »

1,950 exemplaires dont 50 br.

921. **Grousseau.** La Guerre à la religion, in-8. 1 »

1,190 exemplaires br.

922. **Guérin** (Mgr Paul). Le Palmier Séraphique, ou Vie des saints et des hommes et femmes illustres des ordres de Saint-François, 12 beaux vol. in-8. 50 »

30 exemplaires br.

923. **Guérin** (Victor). Cartes de la Palestine. 7 50

761 exemplaires.

924. **Guyot** (l'abbé). Le Sacerdoce dans Notre Seigneur Jésus Christ et dans les prêtres, in-18. 1 »

339 exemplaires br.

925. **Hallet.** La Rage Conjurée, Manuel du pèlerin de Saint-Hubert, in-18. 1 »

410 exemplaires br.

926. **Harlez** (Mgr de). La Bible dans l'Inde (brahmanisme et christianisme), in-12. 3 »

180 exemplaires br.

927. **Hello** (Ernest). Les Plateaux de la balance, in-12. 3 »

1,321 exemplaires dont 18 br.

928. **Homme** (un) d'œuvres : Ferdinand-Jacques Hervé-Bazin, in-8, avec portrait. 6 »

438 exemplaires dont 6 br. plus 19 exemplaires incomplets.

929. **Ideville** (le Comte D'). Pie IX, sa vie, sa mort. in-12. 1 »

1,839 exemplaires dont 125 br.

930. **Imbert-Gourbeyre** (Dr). Les Stigmatisées (Louise Lateau de Bois-d'Haine, sœur Bernard de la Croix, Rosa Andriani, Christine des Stumbelo, Palma d'Oria), 2 vol. in-12. 5 »

550 exemplaires plus 95 exemplaires du tome II.

931. **Imitation** de Jésus-Christ, traduction de Lamennais, in-8. 2 50

150 exemplaires, dont 50 br.

932. — de Jésus-Christ, traduction littérale en vers français, de Er. Perrot de Chézelle, in-16. 4 »

827 exemplaires br.

933. **Indulgences**, sacrements, etc.

2,286 brochures ou volumes divers, savoir :

1° Hillinger (le P.). Souvenir de ma 1re communion, in-32. 0 50

430 exemplaires br.

2° Indulgences (les) qu'on peut gagner chez soi, in-18. 0 05

175 exemplaires br.

3° Morisson (l'abbé). Manuel de la confirmation, in-32. 0 80

15 exemplaires br.

4° Mullendorff. Instructions sur les indulgences, in-18. 0 10

650 exemplaires br.

5° Pèlerinages du jeune chrétien, ou Préparation des enfants à la 1re communion, in-32. 0 90

420 exemplaires br.

6° Simounet (le P.). Petit Bouquet de fleurs eucharistiques, in-18. 0 50

596 exemplaires br.

934. **Jacobatio** (le Cardinal). Tractatus de Concilio, fort vol. in-fol. 30 »

1,270 exemplaires, dont 177 br.

935. **Jardin** (E.). Le Coton, son histoire, son habitat, son emploi, 1 vol. avec figures. 3 »

470 exemplaires dont 30 br.

936. **Jaugey**. Prælectiones Théologiæ Moralis, ad usum Seminarii Lingonensis, 5 forts vol. in-8. 36 50

348 volumes, dont 64 exemplaires complets et 28 volumes divers.

937. **Javal** (Julien). La Question Religieuse au dix-neuvième siècle, fort vol. in-12. 4 »

212 exemplaires, dont 40 br.

938. **Jubilé** (le grand) de 1881, in-18. 1 »

2,730 exemplaires br.

939. **La Bouillerie** (Mgr de). Nouveau Mois de Marie in-32. 1 25

570 exemplaires br.

940. **Lafond** (Edmond). Ouvrages divers :

566 volumes divers, savoir :

1° Notre-Dame des poètes, choix de poésies composées en l'honneur de la Sainte-Vierge, in-12. 2 »

235 exemplaires br

2° Rome Œcuménique, lettres à un ami, in-18. 1 »

331 exemplaires br.

941. **Laincel** (de). Terreur rouge et Terreur blanche, in-12. 2 50

375 exemplaires br.

942. **Lander** (Mme Ernest Hello). Le Chemin de la vie, in-12. 3 »

775 exemplaires dont 43 br.

943. **Landriot** (Mgr), archevêque de Reims. In-8 avec un portrait gravé. 1 »

2,386 exemplaires br.

944. **Lansade** (le Cte de). Fables, in-12. 3 50

510 exemplaires dont 40 br.

945. **Lauras** (le P.). Éclaircissements sur l'Assemblée de 1682, in-18. 3 »

560 exemplaires br.

946. **Laurent d'Aoste** (le R. P.). Conférences ecclésiastiques, prêchées à propos de retraites pastorales, 2 beaux volumes in-8. 12 »

964 exemplaires dont 3 br.

947. **Laval** (B. de). Un Clérical en Voyage, in-12. 3 »

240 exemplaires br.

948. **Lavergne** (Mme Julie). Ouvrages divers :

100 brochures ou volumes divers, savoir :

1° Légendes de Fontainebleau, in-12. 3 »

55 exemplaires br.

2° Pendule à musique, in-16. 0 15

14 exemplaires br

949. **Le Bressan**. Société de propagande anti-cléricale, in-18. 1 »

370 exemplaires br.

950. **Le Courtier** (Mgr). Manuel de la messe, ou explication des prières du saint sacrifice, in-12. 3 50

1,174 exemplaires, savoir 1,143 en feuilles (dont 146 détériorés) et 31 br.

951. **Lecoy de la Marche**. La Société au treizième siècle, in-18. 3 »

272 exemplaires, dont 32 br.

952. **Le Jeune** (le R. P. Paul). Lettres spirituelles, écrites à

des personnes vivant dans le monde Jésus, 1 fort vol. in-12 avec portrait. 3 50

1,236 exemplaires, dont 236 br.

953. **Léon XIII.** Carmima. Poésies du pape Léon XIII, pet. in-4, pap. de luxe, impression en trois couleurs, pages encadrées, riche cartonnage. 20 »

1,000 exemplaires, dont 36 cartonnés.

954. **L'Epinois** (Henri de). La Question de Galilée, les faits et leurs conséquences, in-12. 3 »

290 exemplaires br

955. **Lettres** de divers évêques et archevêques.

1,184 brochures diverses, savoir:

1° Dupanloup (Mgr). Lettre à Victor Hugo. 0 10

1,099 exemplaires.

2° Dupanloup (Mgr). Lettre à M. Ratazzi. 0 10

110 exemplaires br.

3° Lettre de l'archevêque de Cambrai sur le Gallicanisme théologique, in-32. 0 25

1,780 exemplaires br.

4° Regnault (Mgr.) Lettre à un ecclésiastique. 0 25

80 exemplaires br.

5° Turinaz (Mgr). Le Courage chrétien, lettre pastorale, in-8. 0 50

985 exemplaires br.

6° Turinaz (Mgr). Deux lettres au Ministre des Cultes, in-12. 0 15

130 exemplaires br.

956. **Lhomond.** Epitome historiæ sacræ, in-12. 1 »

230 exemplaires, dont 130 cartonnés.

957. **Livre** (le) de Ruth, essai d'interprétation morale in-12. 1 25

388 exemplaires br.

958. **Londun** (Eugène). Les Pères de l'Eglise, choix de lectures morales, 4e édition, in-12. 1 »

2,719 exemplaires dont 149 cartonnés et 2,570 en feuilles.

959. **Lourdes** et divers lieux de pèlerinages.

2,739 brochures ou volumes divers, savoir :

1° Bonnaire (l'abbé). Paris et la France devant le Sacré-Cœur, in-18. 0 25

1,240 exemplaires br.

2° Bourgaut. Guide et souvenirs du pèlerin à Domrémy, in-18. 0 40

10 exemplaires br.

3° Chaudé (l'abbé). De Lourdes à Gavarnie, guide, in-8. 0 75

152 exemplaires br.

4° Cros (le P.). Lourdes depuis 1858 jusqu'à nos jours, in-32. 0 50

84 exemplaires br.

5° Havard. Le Mont Saint-Michel, in-18. 0 30

300 exemplaires br.

6° Pèlerins (aux) de Lourdes ; dénouement de la crise actuelle, in-12. 0 90

195 exemplaires br.

7° Vernhet. Les Hommes du Rouergue à Lourdes, in-12. 0 40

758 exemplaires br.

960. **Ludolphe** le Chartreux. Vita Jesu Christi Domini ac Salvatoris nostri, éditio novissima, curante L. M. Rigollot, 2 parties en 4 vol. in-8. à deux colonnes, avec portrait. 24 »

312 exemplaires, dont 5 incomplets des titres des tomes III et IV, plus 177 volumes divers dont 20 sans titres.

961. **Maggiolo**. Voltaire, in-18. 1 »

2,260 exemplaires dont 1,260 br.

962. **Maistre** (l'abbé). Grand sermonnaire nouveau et complet, méthodique et suivi, 2 vol. gr. in-8. Chaque 7 50

1,189 volumes, dont 39 br., savoir : 700 exemplaires du tome I et 489 du tome II.

963. **Manuel** à l'usage des familles qui mettent leurs enfants sous la protection de St-Leu et de St-Gilles, in-18. 1 »

726 exemplaires dont 126 br.

964. — De l'adoration perpétuelle du très Saint Sacrement. in-18. 1 25

2,863 exemplaires dont 213 br.

965. — **Des Petits séminaires** et des maisons d'education chrétienne, in-32. 1 40

398 exemplaires br.

966. **Marc** (l'abbé). Le Ciel, ou le bonheur des Saints, in-12. 3 »

473 exemplaires, savoir 461 en feuilles, dont 100 incomplets du titre, et 12 br.

967. **Margery** (A. de). Joseph de Maistre, in-12. 3 »

2,187 exemplaires dont 55 br.

968. **Martinet** (l'abbé) L'Art d'enseigner la religion, in-12 2 »

2,170 exemplaires dont 170 br.

969. **Matignon** (le R. P.). La Paternité chrétienne, conférences, 4 séries en 4 vol. in-12, chaque 3 »

3,304 volumes divers dont 136 br. ; plus divers volumes incomplets du titre.

970. **Maurin** (Mlle) La Fondatrice de la propagation de la foi et du rosaire vivant, souvenirs sur la vie de Pauline Marie Jaricot, in-12. 3 »

706 exemplaires dont 56 br.

971. **Méditations** et pensées sur la passion de N. S. Jésus Christ, in-18. 1 »

718 exemplaires dont 268 br.

972. **Meignan** (le cardinal). Le Monde et l'homme primitif selon la Bible, in-8. 6 »

1,005 exemplaires dont 13 br.

973. **Mélanges** historiques.

3,053 brochures, savoir :

1° Biencourt (Mis de). Les Chambres hautes, in-18. 0 50

281 exemplaires dont 40 br.

2° Bourbon de Lignières. L'Assemblée constituante d'après Taine, in-18. 0 65

1,389 exemplaires dont 139 br.

3° Chamard. Droit de Régale, in-18. 0 75

420 exemplaires br.

4° Concordat (le), texte et articles organiques, in-18. 0 55

439 exemplaires br.

5° Saint-François de Sales et l'église de Thonon, in-18. 0 20

209 exemplaires br.

6° Witz. Les Jésuites et la Science, in-18. 0 20

315 exemplaires br.

974. **Méric** (l'abbé). Du Droit et du devoir, 4e édition, in-12. 4 »

128 exemplaires br.

975. — Les Erreurs sociales du temps présent, in-12. 3 50

1,691 exemplaires, dont 41 br.

976. **Mermillod** (le cardinal). La Question ouvrière, in-8. 1 »

675 exemplaires br.

977. **Monarchie** (Opuscules divers sur la).

2,787 brochures, savoir :

1° Carlos (don) et ses droits, in-12. 0 20

450 exemplaires br.

2° Chauvelot. Le Roi des Lys, étude prophétique, in-18. 0 50

340 exemplaires br.

3° Comte (le) de Paris et le parti monarchique, in-18. 0 50

282 exemplaires br.

4° FRÈREJEAN. Don Carlos et sa cause, in-8. 0 20

200 exemplaires br.

5° UNION (l') monarchique, in-18. 0 40

1,515 exemplaires br.

978. **Moreau** (Louis). Joseph de Maistre, in-12. 3 »

1,861 exemplaires, dont 66 br.

979. **Mouchard** (l'abbé). Les Fêtes de catéchisme. Petits drames, 2e série. Catéchisme des garçons, in-12. 3 »

1,423 exemplaires, dont 68 br.

980. **Mury** (l'abbé). Histoire romaine, 2 vol. in-12 chaque 2 50

3,400 volumes, savoir : 1,800 exemplaires du tome I et 1,600 du tome II.

981. **Nardi** (Mgr). Ouvrages divers :

1,340 volumes divers, savoir :

1° DISSERTATIO de Onanismo conjugali, in-8. 2 50

100 exemplaires br.

2° OBSERVATIONS sur les lettres de Mgr Dupanloup, in-18. 1 »

1,230 exemplaires br.

3° VÉRITÉ (la) sur la religion catholique, gr. in-8. 6 »

10 exemplaires br.

982. **Noël** (Pierre). Agnès, récit vécu, in-12. 2 »

1,259 exemplaires, dont 103 br.

983. **Nouet** (le P.). Le Guide de l'âme en retraite, 3 vol. in-12. 8 »

604 exemplaires br.

984. **Nouhers**. Etude sur l'histoire romaine, in-12. 1 »

550 exemplaires br.

985. **Panhéleux** (l'abbé). La Divinité de Jésus-Christ dans la primitive Eglise, in-12. 3 »

1,385 exemplaires dont 272 br.

986. **Parinet** (l'abbé). Trigonométrie, in-12. 1 50

1,086 exemplaires dont 240 cartonnés.

987. **Pelletier** (Mgr). Décrets et canons du concile du Vatican, en latin et en français, in-8. 4 »

402 exemplaires br.

988. **Perrois** (Alfred de). Mois de Marie des Pèlerinages, *édition populaire*, in-12. 2 »

2,728 exemplaires dont 1,100 br.

989. **Perrot de Chézelles.** Passion de N.-S. Jésus-Christ, mise en vers, in-18. 1 »

390 exemplaires br.

990. **Philosophie,** Question sociale.

1,567 brochures ou volumes divers, savoir :

1° DELAPORTE. Philosophie de l'Internationale, in-18. 0 25

687 exemplaires br.

2° DESPORTES. La Question sociale et les Syndicats ouvriers, in-18. 0 25

250 exemplaires br.

3° LA FOLLYE. Intérêts communs entre patrons et ouvriers, in-18. 0 30

455 exemplaires br.

4° PHILOSOPHIE pour tous, essai sur le gouvernement de la Vie. Poitiers, 1878, in-32. 0 25

131 exemplaires br.

5° RIVE (de la). Question sociale, in-18. 0 30
44 exemplaires br.

991. **Piété** (Livres de).

3,756 brochures ou volumes divers, savoir :

1° BOURY (le P.). Petit bouquet à St-Joseph, in-18. 0 25

74 exemplaires br.

2° COUTURIER. Manière de sanctifier la journée, pour les gens de la campagne, in-32. 0 25

1,090 exemplaires dont 90 br.

3° DESJARDINS (le P.). Le Cœur de Jésus, mois du Sacré-Cœur, in-18. 0 75

1,000 exemplaires.

4° EXERCICES pieux dans les épreuves de l'Eglise, in-18. 0 30

436 exemplaires br.

5° TESSIER (l'abbé). Mois du Sacré-Cœur, in-32. 0 75

1,156 exemplaires dont 196 br.

992. **Piolet** (l'abbé). Cosmographie, in-12. 4 »

628 exemplaires dont 28 cart.

993. **Plantier** (Mgr.). Enseignements et Consolations attachés à nos derniers désastres, in-12. 2 »

1,115 exemplaires dont 515 br.

994. **Plutarque**. Vie de Cicéron, avec notes de M. Quantier, in-12. 1 »

1,180 exemplaires, dont 180 cartonnés.

995. **Polémique**, Controverse, etc.

4,123 brochures ou volumes divers, savoir :

1° CLERGÉ (le) et le service militaire, in-18. 0 15

195 exemplaires br.

2° CLÉRICAL et Radical, in-32. 0 15

48 exemplaires br.

3° EGLISE (l') et l'Etat, in-32. 0 10

290 exemplaires br.

4° GUILBERT (Mgr). La Crise religieuse et la pacification, in-8. 0 75

58 exemplaires br.

5° MANUEL du bon français, in-12. 0 60

1,480 exemplaires br.

6° NICOLAS. Le Triomphe prochain de l'Eglise et la Résurrection de la France, in-8. 0 50

88 exemplaires br.

7° NICOLAY. Les Enterrements civils devant la loi, in-18. 0 25

160 exemplaires br.

8° PHILPIN DE RIVIÈRES. Le Possumus libéral, in-12. 0 50

80 exemplaires br.

9° PONCINS. Le vrai 89 ! in-18. 0 50

710 exemplaires.

10° REVANCHE (la) du droit national, in-8. 0 25

600 exemplaires br.

11° SAUZET Le Mariage civil et le mariage religieux, in-18. 0 50

414 exemplaires br.

996. **Politique.** Brochures diverses :

4,168 brochures ou volumes divers, savoir :

1° CAMBIER. République, Empire ou Royauté, in-12. 0,50

630 exemplaires br.

2° COURTÈS (l'abbé). Thiers jugé par lui-même, in-8. 0 25

100 exemplaires br.

3° DEUX (les) radicalismes. 0 25

1,375 exemplaires br,

4° DIX ans de République. 0 10

470 exemplaires br.

5° ENNEMIS (les) de la République, in-12. 0 10

220 exemplaires br.

6° GOUVERNEMENT (le) de la Délivrance.

178 exemplaires, dont 86 de format in-8, à 0 60
et 92 de format in-18, à 0 30

7° LAFOSSE. M. Thiers règne et l'Assemblée ne gouverne pas, in-8. 0 75

70 exemplaires br.

8° MARTIN. La Banqueroute des libéraux, in-8 0 75

740 exemplaires br.

9° RURAL (un) à la recherche du meilleur gouvernement, in-18. 0 80

10 exemplaires br.

10° SAINT-GENEST. Radicaux et Cléricaux, in-18. 0 50

325 exemplaires br.

11° Subileau (l'abbé). Entretien d'un curé et d'un sous-préfet de la République, in-12 0 50

50 exemplaires br.

997. **Pouplard** (le R. P.). Un Mot sur les Visions, in-12 1 »

1.696 exemplaires dont 48 br

998. **Préveraud**. L'Eglise et le Peuple, études sur la liberté, l'égalité, la fraternité et la propriété, in-12. 3 »

760 exemplaires dont 600 br

999. **Prières** et Pensées pieuses.

3,451 brochures ou volumes divers, savoir ;

1° Baylet (l'abbé). Aperçu sur quelques prières de la liturgie catholique, in-12. 0 75

195 exemplaires br.

2° Fleurs de reconnaissance envers St-Joseph, in-18. 0 50

1,010 exemplaires br.

3° Peyre (l'abbé) Feuilles d'Or, bonnes pensées et bons conseils, in-32. 0 60

34 exemplaires br.

4° Séguin (le R. P.) De l'Action de grâces, in-18. 0 75

52 exemplaires br.

5° Union de prières pour le St-Clergé, in-18 0 05

2,100 exemplaires br.

6° Zucchi (le P.) La Prière : *O ma souveraine* ! in-32. 0 10

60 exemplaires br

1000. **Questions** controversées de l'histoire et de la science, 4 vol. in-12, chaque. 3 »

Ensemble 3,183 volumes, dont 2 exemplaires complets.

1001. **Razzi** (Silvano). Méditations sur les litanies de Notre-Dame de Lorette, écrites au XVIe siècle, traduites de l'italien par Ernest Razy, in-12, lettres ornées, etc. 1 50

980 exemplaires dont 90 br.

1002. **Recueil** de divers exercices de dévotion aux sacrés cœurs de Jésus et de Marie, in-18. 1 25

470 exemplaires br.

1003. **Redon** (Elie). Ouvrages divers :

425 volumes divers, savoir :

1° Chemin de la Croix des enfants de Marie, in-18. 0 50

60 exemplaires br.

2° Huit jours au Sacré-cœur à Montmartre, in-32. 1 25

365 exemplaires br.

1004. **Reinhard de Liechty**. Albert le Grand et Saint-Thomas d'Aquin, in-12. 3 »

938 exemplaires dont 38 br.

1005. **Reulet** (l'abbé). Un Inconnu célèbre, recherches sur Raymond de Sebonde, in-12. 3 »

255 exemplaires br.

1006. **Robert** (Ulysse). Etude sur les actes du Pape Calixte II, in-8. 3 »

160 exemplaires br.

1007. **Rohling**. Le Juif Talmudiste, gr. in-8. 1 »

350 exemplaires br.

1008. **Rolland** (l'abbé). Instructions dominicales de l'Ami du clergé, in-12. 3 »

170 exemplaires br.

1009. **Romain** (Georges). L'Eglise catholique seule puissance tolérante et libérale, grand in-8. 1 »

585 exemplaires br.

1010. **Rousseau** (L.). William Wallace, in-12. 3 »

1,177 exemplaires, dont 144 br.

1011. **Saillard** (l'abbé). Les hommes célèbres du XIXe siècle et la foi chrétienne, in-12. 3 »

771 exemplaires br

1012. **Saint-Albin** (Alexandre de). Histoire de Pie IX et de son pontificat, 2 vol. in-12. 7 »

287 exemplaires, dont 12 br.

1013. **Saint-Chrème** ou pétrole, fort vol. gr. in-8. 6 »

45 exemplaires br.

1014. **Saint-Jure** (le P.). De la Connaissance et de l'amour de N.-S. J. C., 4 vol. in-12. 10 »

962 exemplaires br.

1015. **Sales** (Saint François de). De l'Oraison, 2 vol. gr. in-16. 3 »

2.161 exemplaires, dont 86 br.

1016. — De la Sainte Espérance et de la Simplicité, gr. in-16 3 »

1,593 exemplaires, dont 9 br,

1017. — La Vierge Marie, grand in-16. 3 »

2,058 exemplaires dont 78 br.

1018. **Salmon** (l'abbé). Les Pèlerinages de Paris, in-12. 2 50

1,509 exemplaires dont 519 br.

1019. **Savaëte** (Arthur). Les Naufragés de Kertugal ou les Rivages amis, in-12. 3 »

225 exemplaires br.

1020. **Schaeken**. Louanges de Marie, dix cantiques avec accompagnement de piano ou d'harmonium, in-4. 3 »

440 exemplaires br.

1021. **Sciences** (des) positives et du surnaturel, par L***, ancien élève de l'Ecole polytechnique, in-8. 4 »

861 exemplaires dont 281 br.

1022. **Scotti** (Mgr.). Le Médecin chrétien, in-12. 3 »

930 exemplaires dont 130 br.

1023. **Situation** de la légale des associations religieuses non autorisées, grand in-8. 1 »

460 exemplaires br.

1024. **Sollerius** (J.-B.). Martyrologium usuardi monachi, ad excusa exemplaria quatuordecim, ad Codices Mss integros decem et septem, atque ad alios ferme quinquaginta collatum, fort vol. in-fol. pap. vergé. 75 »

75 exemplaires dont 3 cartonnés et 72 br.

1025. **Soullier** (l'abbé). Touchons-nous à la fin du monde? in-12.

820 exemplaires br.

1026. **Suffrage** uuiversel, Elections, etc.

2,935 brochures, savoir :

1° Aper. Le Salut dans le suffrage universel, in-12. 0 50

180 exemplaires br.

2° Baylet. Solution du problème sur le suffrage universel et la paix sociale, in-12. 0 25

85 exemplaires br.

3° Causeries électorales, in-18. 0 20

1,520 exemplaires br.

4° Demanche. Validation et invalidation, in-8. 0 50

34 exemplaires br.

5° Guerre au Radicalisme, in-18. 0 25

320 exemplaires br.

6° Mot d'Ordre des électeurs, in-18. 0 10

495 exemplaires br.

7° Patrons (les) du Radicalisme, ou Histoire lamentable de Thiers et Gambetta, in-12. 0 25

301 exemplaires br.

1027. **Surmont.** Grammaire Française correspondant aux trois cours du programme de 1882, in-12. 1 25

798 exemplaires cartonnés.

1028. **Teste** (Louis). Léon XIII et le Vatican, in-12. 3 50

71 exemplaires br.

1029. **Théologie** (Mélanges de).

3,960 brochures ou volumes divers, savoir :

1° Benard (l'abbé). Examen à l'usage du clergé, in-12 0 75

185 exemplaires br.

2° Broglie (l'abbé de). La Transandance du christianisme, in-8. 0 75

25 exemplaires br.

3° Girardin (l'abbé de). Le Remède suprême, in-18. 0 50

412 exemplaires br.

4° Hamet. Les Catéchistes volontaires, in-32. 0 25

1,381 exemplaires br.

5° Raboisson (l'abbé). L'Enigme géographique du Livre de Ruth, in-8. 0 75

172 exemplaires br.

6° Séverin. Les Preuves de la foi chrétienne, in-12 0 75

935 exemplaires br.

7° Simples récits de l'Histoire sainte, in-12 0 75

850 exemplaires br.

1030. **Tondini** (le P.). Ouvrages divers :

148 brochures ou volumes divers, savoir :

1° Etudes sur la question religieuse de Russie, gr. in-8. 2 50

142 exemplaires br.

2° Primauté (la) de Saint-Pierre, gr. in-8. 2 50

6 exemplaires br.

1031 **Tracts** (180 opuscules divers de morale, religion, littérature, histoire, légendes, etc.), in-16.

185,000 exemplaires plus 13 exemplaires des 180 tracts reliés en trois volumes.

1032. **Tressay** (l'abbé du). Vie de Mgr Soyer, évêque de Luçon, fort vol. in-8. 6 »

311 exemplaires br.

1033. **Trois** pélerinages authentiques aux apparitions d'Alsace, in-12. 1 »

2,825 exemplaires br.

1034. **Truel.** Précis des Règles de la Prononciation, in-18. 2 50

390 exemplaires br.

1035. **Vacquerie** (Benoît). Victor Hugo et M. Auguste Vacquerie de Paris, ou la Révolution et la Contre-Révolution, par M. Benoît Vacquerie d'Alençon, 2e édition, grand in-8. 1 »

374 exemplaires br.

1036. **Van Reeth** De Probabilismo sancti Alphonsi, quæstio facti et juris, in-4 à 2 col. 6 »

28 exemplaires br.

1037. **Van Weddingen.** Ouvrages divers :

243 volumes divers :

1° Albert le Grand, le maître de Saint-Thomas d'Aquin, in-8. 1 25

238 exemplaires br.

2° Eléments raisonnés de la religion, in-8. 4 50

5 exemplaires br.

1038. **Vattier** (Mme). Martine, histoire d'une sœur aînée, in-12. 3 »

293 exemplaires, dont 68 br.

1039. — Six orphelins : seconde partie de Martine, in-12. 3 »

299 exemplaires, dont 11 br.

1040. **Vaubert** (le P.). Traité de la communion, in-18. 2 »

1,080 exemplaires br.

1041. **Verdereau** (l'abbé). Ouvrages divers :

4,680 brochures ou volumes divers, savoir :

1° Exposition historique des propositions du *Syllabus*, in-18. 2 »

180 exemplaires br.

2° Guerre (la) à Dieu et à la famille, in-18. 0 25

4,500 exemplaires br.

1042. **Verhaege.** Saint Joseph protecteur de l'église, 2e édition, in-12. 3 »

268 exemplaires br.

1043. **Véritable** (le) petit Albert, ou le Trésor du peuple, in-18. 1 »

319 exemplaires br.

1044. **Veuillot** (Eugène). Célébrités catholiques contemporaines :

1,395 brochures, savoir :

1° GERBET (Mgr), évêque de Perpignan, gr. in-8, portrait. 0 60

975 exemplaires br.

2° PLANTIER (Mgr), évêque de Nimes, gr. in-8, portrait. 0 60

420 exemplaires br.

1045. — Le Comte de Falloux et ses mémoires, in-12. 3 »

789 exemplaires dont 145 br.

1046. **Veuillot** (Louis). Etudes sur Victor Hugo, par Louis Veuillot, in-18. 3 50

1,252 exemplaires dont 18 br.

1047. **Veuillot** (Pierre). L'Imposture des Naundorff, in-18. 1 »

1,065 exemplaires, dont 65 br.

1048. **Vidal** (l'abbé.). Elévations à N.-D. de Lourdes, manuel du pélerin, in-18. 1 »

1,070 exemplaires br.

1049. **Vidal** (Victorin).Guide des Conservateurs, in-18. 1 »

500 exemplaires br.

1050 .**Vies** et Panégyriques de femmes diverses :

4,264 brochures ou volumes divers, savoir :

1° CLAUCHAI-LARSENAL. Berguille et Louise Lateau, in-18. 0 60

1,000 exemplaires br.

2° LOUISE LATEAU, la stigmatisée de Bois d'Haine, 1883. 0 10

194 exemplaires br.

3° Médaille (la) miraculeuse, biographie de Catherine Labouré. 0 50

692 exemplaires br.

4° Moriceau (l'abbé). Notice sur Victoire Brielle, dite la Sainte de Méral, in-18. 0 30

1,095 exemplaires br.

5° Rochemure (le P. de). Panégyrique de Sainte-Thérèse, in-8. 0 75

90 exemplaires br.

6° Rochemure (le P. de). Panégyrique de la bienheureuse Marguerite-Marie, in-8. 0 75

98 exemplaires br.

1051. **Villermont** (le Cte de). Ernest de Mansfeldt, 2 vol. gr. in 8. 5 »

104 exemplaires br.

1052. — Lettres d'un campagnard, 2 vol. in-16. 5 »

80 exemplaires br.

1053. **Vouriot**. De la Propriété et de l'administration des biens ecclésiastiques en France et en Belgique, gr. in-8. 4 50

250 exemplaires br.

1054. **Vuy** (Jules). La Philothée de St-François-de-Sales. Vie de Mme de Charmoisy, 2 vol. in-12. 6 »

147 exemplaires br. plus 150 exemplaires br. du tome II seul.

1055. **Woillez** (Mme). Code Chrétien, ou sentences, maximes et pensées tirées de la Bible, des Pères de l'Eglise, etc., in-32. 1 »

170 exemplaires br.

Nc 751

Paris. — Imp. Vermorcken, 66, rue Sainte-Anne

CLAUSES ET CONDITIONS DE LA VENTE

Tous les ouvrages annoncés sont en feuilles, sauf indication contraire. Le nombre des couvertures n'est pas rigoureusement garanti.

1° Ces marchandises seront vendues au plus offrant et dernier enchérisseur livrables dans les Magasins où elles se trouvent, visibles deux jours avant la vente. Aussi les acquéreurs ne pourront-ils prétendre à aucune réclamation pour quelque cause que ce soit.

2° Les enchères et le lotissement seront fixés au moment de la vente.

3° L'adjudicataire paiera comptant, sans escompte, chez le courtier, 9, rue du Trésor, le principal, ainsi que les frais réglés à 1 fr. 15 c. par 100 fr., soit 15 c. pour droits d'enregistrement et 1 fr. pour courtage.

4° Faute par l'Adjudicataire de prendre livraison dans les trois jours de la vente, la marchandise sera revendue à sa folle enchère, à ses risques et périls, trois jours après la sommation qui lui aura été faite de recevoir et sans qu'il soit besoin de jugement.

5° Les frais de magasinage sont dûs a partir du troisième jour de la vente.

6° Aucune réclamation pour quelque cause que ce soit ne sera acceptée après la livraison des marchandises.

7° Pour les ouvrages décrits séparément un exemplaire sera mis aux enchères à charge par l'acquéreur de prendre au prix d'adjudication du dit exemplaire les volumes annoncés. Les ouvrages groupés sous un même numéro pourront être divisés,

Signé : **H. CAMPAGNE**
Courtier de Marchandises Assermenté au Tribunal
de Commerce de la Seine,
9, rue du Trésor,
(26, rue Vieille-du-Temple)

Paris, le 19 Février 1894

Les acheteurs devront verser une provision aussitôt l'adjudication prononcée

Le Catalogue se trouve : 1° Chez M. **H. Campagne** courtier assermenté, 9, rue du Trésor, (26, rue Vieille-du-Temple).

2° Chez MM. **Em Paul, L. Huard et Guillemin,** libraires-experts, 28, rue des Bons-Enfants.

3° A la Chambre Syndicale des Courtiers à la Bourse du Commerce.

www.ingramcontent.com/pod-product-compliance
Ingram Content Group UK Ltd.
Pitfield, Milton Keynes, MK11 3LW, UK
UKHW020504180726
13839UKWH00004B/1886